Affaire de Blagnac

NOTICE BIOGRAPHIQUE

SUR LES

GUIMBAUD

ACCOMPAGNÉE

DU

RÉCIT EXACT & CIRCONSTANCIÉ DES ÉVÈNEMENTS

QUI ONT EU LIEU

A Blagnac le 20 septembre 1864

Par J. BONHOMME

Avec Vues & Plan des lieux

PRIX : **60** CENTIMES

TOULOUSE, FRANÇOIS GIMET, LIBRAIRE
66, RUE DES BALANCES, 66.

NOTICE BIOGRAPHIQUE

SUR LES

GUIMBAUD

ACCOMPAGNÉE

DU

RÉCIT EXACT & CIRCONSTANCIÉ DES ÉVÈNEMENTS

QUI ONT EU LIEU

A Blagnac le 20 septembre 1864

Par J. BONHOMME

Avec Vues & Plan des lieux

PRIX : **60** CENTIMES

TOULOUSE, FRANÇOIS GIMET, LIBRAIRE
66, RUE DES BALANCES, 66.

1864

Droits réservés.

Éditeurs.

« Je n'enseigne point, je raconte. »
MONTAIGNE.

La nature, dans son inépuisable et féconde richesse, semble se plaire quelquefois à produire des hommes étranges, bizarres, originaux, qui font le désespoir des physiologistes et des philosophes, et dont quelques grands écrivains ont reproduit des types immortels.

Les héros du drame sanglant de Blagnac appartiennent, par certains côtés, à la catégorie de ces hommes, et il faudrait la plume savante, spirituelle, acérée de Cervantès, pour en retracer dignement la désopilante ou triste histoire, selon qu'on l'examine à la surface ou au fond.

Nous regrettons donc vivement de ne pouvoir en donner qu'une simple, rapide, mais véridique esquisse; notre but unique étant d'éclairer l'esprit public, afin que ces hommes soient appréciés à leur juste valeur et jugés selon leurs œuvres.

I

GUIMBAUD (Bernard) père, dit *Chagrin* par antithèse, est un homme de petite taille, sec, nerveux, jovial; à la physionomie vive, intelligente, alerte. Ses traits réguliers et saillants sont d'un assez beau caractère. Il est né à Blagnac vers la fin d'octobre 1801, d'Arnaud GUIMBAUD cordonnier, et de Jeanne ROUQUIÉ. Après avoir appris à lire et à écrire à l'Ecole primaire de son village, le jeune Bernard fut livré de bonne heure, et sous la direction de son père, au travail de la cordonnerie. Mais déjà se révélait en lui la turbulence, l'activité et l'*armomanie* qui ont toujours fait le fond de son caractère. Il jouait tout jeune au soldat, ne parlait que guerre, et trouvait toujours le moyen d'avoir dans ses poches quelque arme et quelques munitions. Je me rappelle encore d'une espèce de canon qu'il avait fabriqué avec les débris d'un vieux pistolet, fixés au moyen de brides de fer blanc, sur un affût en bois de sa composition. Ce canon faisait ses délices, et dès qu'il pouvait se procurer un peu de poudre, il invitait quelques camarades à ses exercices à feu. A ce mauvais canon succéda bientôt un vieux pistolet ; et à ce pistolet, un fusil, le rêve de sa jeunesse. C'est alors que commencèrent ses exploits cynégétiques. La chasse n'était pas encore surveillée activement comme elle l'est aujourd'hui. Il nous semble le voir, sans permis, poursuivre les canards sur les bords glacés de la Garonne ; ou dans les longues nuits de l'hiver, aller à la recherche des corbeaux groupés en masses énormes sur les cimes des grands arbres, le fusil à la main et le flanc orné du sabre de garde national que son père avait conservé depuis 1789 (1). Nous le plaisantions beaucoup sur son équipement ; mais il nous répondait par des histoires de brigands et de rencontres extraordinaires qu'il avait fait la nuit lorsqu'il se trouvait seul. Nous remarquions pourtant que, malgré ses hyperboliques crâneries, il restait toujours en arrière toutes les fois qu'on s'engageait dans un passage étroit, obscur, ou qu'il fallait pénétrer dans un fourré.

A son langage et à son air belliqueux on aurait tout naturellement cru que Guimbaud avait un goût, un penchant

---

(1) Ce sabre s'était déjà illustré dans ses mains. Il avait failli, un jour de la Sainte-Catherine, transformer en *Malchus* le jeune écolier Double.

décidé pour la carrière militaire ; mais on vit tout le contraire lorsqu'il tomba au sort : il était mourant, et il fit et fit faire tant de démarches auprès du général Compans, dont il était le cordonnier, et auprès du général Barbot, commandant la division, qu'il finit par être réformé. Nous commençâmes à comprendre alors qu'il y avait en lui plus de forfanterie que de bravoure ; et mal lui en prit, car les plus hardis ne tardèrent pas à essayer de son courage, à lui monter des *scies*, et à lui donner quelque taloche. Il nous souvient toujours des deux vigoureux soufflets et du coup de pied *quelque part* qu'il reçut, sans broncher, de son ami Bezard. Heureusement qu'il n'était pas querelleur et qu'il nous amusait avec ses joviales facéties et ses narrations incroyables ; sans cela, ces accidents inattendus lui seraient arrivés d'autant plus souvent qu'il les supportait sans trop de murmures.

GUIMBAUD (Bernard) se maria en 1822 avec Vitale Méliorat qui, l'année suivante, lui donna un fils, Arnaud, son malheureux complice. Cette nouvelle situation, sans détruire les rapports de Guimbaud avec ses camarades, les rendit moins fréquents. Il se fit plus casanier, comme on dit, mais cela ne modifia en rien son humeur guerroyante. On s'en aperçut bientôt. La Révolution de 1830 ayant éclaté, Guimbaud reparut bruyamment sur la scène. Il montra un tel enthousiasme et un tel zèle pour les nouvelles institutions, que ses camarades de la compagnie de voltigeurs de la garde nationale en firent leur sergent-major. Dès-lors son patriotisme ne connut plus de bornes. Il parut le premier habillé, armé, équipé ; il passait tout son temps à faire des armes, à manier le fusil, à apprendre l'école du soldat, et à l'enseigner à son fils, bambin de six à sept ans : il s'exerçait ainsi au commandement et apprenait la théorie. Bref, il remplissait ses fonctions avec tant de ponctualité, de soin et d'intelligence, qu'il fut élevé au grade d'officier rapporteur du conseil de discipline; il eut même l'honneur, en cette qualité, de joûter avec M⁰ Jean Gasc, du barreau de Toulouse, en soutenant contre lui une accusation à l'égard du garde national Garric, dont il obtint la condamnation. Quel triomphe pour son amour-propre et pour sa folle vanité ! Ce fut là l'apogée de sa gloire !

A l'époque du siége d'Anvers, Guimbaud ne parlait plus que mine, escarpe, contrescarpe, boyaux et tranchée. Ces idées s'étaient tellement emparées de son esprit, qu'il finit par se persuader d'avoir découvert un moyen de faire sauter les fortifications, il veut immédiatement le mettre à l'épreuve. A cet effet, il dépave une partie de la rue qu'il habitait alors dans le village, et pratique dans la terre un grand trou ; il place dans ce trou un paquet de poudre bien serré, bien ficelé, et le recouvre d'une porte, sur laquelle il entasse tous les cailloux provenant du dépavage de la rue. Une mèche, placée sous le sol, communique de la poudre dans la boutique. Il y met le feu et manque de faire sauter un voisin qui passait. C'est de cette époque que date l'espèce d'arsenal qu'on a trouvé chez lui. En dehors des fusils de chasse, toutes les autres armes, sabres, fusils, carabines, pistolets, poignards, proviennent de chez les marchands de ferraille de la place des Carmes. Il n'achetait jamais rien de neuf et fesait parade de ce bric à brac qu'il montait, agençait à sa façon et fesait voir à tout le monde. Il n'y a pas un habitant de Blagnac qui ne le connût. Il espérait ainsi se faire craindre; mais on en riait comme de ses fanfaronnades. Son père seul souffrait de toutes ces folies. C'était un homme d'un grand sens et d'une grande honnêteté. Il lui fesait très souvent de vives remontrances et d'amers reproches, presque toujours accueillis par des facéties ou des paroles peu respectueuses ; aussi le pauvre vieillard, faible, impuissant, dominé par sa femme, méconnu par son fils qu'elle admirait dans tous ses actes, courbait la tête et se taisait en grommelant cette triste prophétie que nous lui avons entendu répéter souvent : *Ah! malheureux! les extravagances te conduiront un jour aux galères!...*

Cependant l'étoile militaire de Guimbaud commençait à pâlir. Ses voltigeurs s'étaient déjà plusieurs fois aperçus de sa couardise. Un dernier fait vint la mettre en telle évidence, qu'on en rit encore à Blagnac. C'était dans l'hiver de 1831 ou 1832. Il se répandit tout-à-coup un bruit, d'après lequel on voyait toutes les nuits un homme blanc parcourir les rues du village. Cet être mystérieux cachait, selon les uns, quelque ennemi des nouvelles institutions complotant leur ruine ; selon les autres, quelque malfaiteur de la pire espèce. On parla tant, pendant plusieurs jours, de cet homme blanc, que l'autorité locale résolut de savoir à quoi s'en tenir, en ordonnant à la garde nationale d'organiser des patrouilles nocturnes et de mettre la main sur toute personne inconnue. Une nuit que Guimbaud dirigeait l'une de ces patrouilles, un Loustic de la localité l'aborde près de la croix blanche, et lui déclare qu'il vient de voir, il n'y a qu'un instant, l'homme blanc entrer dans la cabane du jardin de Rouy. Aussitôt Guimbaud prenant son air le plus martial, après avoir adressé une petite mais énergique allocution à ses dix à douze hommes, les dirige hardiment vers cette cabane, située tout près de là. On pénètre aisément dans le jardin ouvert de toute part, et le chef de patrouille ordonne à ses hommes d'entrer dans la cabane non close, la baïonnette en avant. Les gardes nationaux s'y refusent, sous prétexte que c'est à lui à donner l'exemple et à marcher le premier. Guimbaud répond fièrement, qu'un général ne prend jamais part à la bataille, et qu'il en a bien assez de diriger l'action. On insiste. Il résiste et menace de la salle de police. Alors les soldats s'élancent, leur sergent en tête, et pénètrent dans la cabane. Ils sortent un instant après en annonçant qu'ils n'ont rien trouvé. Aussi Guimbaud, convaincu qu'il n'y avait personne et voulant faire preuve de courage, prétend qu'on n'a pas bien cherché, et il pénètre, le sabre au poing, dans la masure. A peine y a-t-il fait quelques pas qu'il heurte quelque chose, en s'éclairant de son sabre, et se sent frappé sur la tête, sur les bras, sur le dos tout à la fois. A moi ! s'écrie-t-il, en frappant de tout côté. Les gardes nationaux accourent, s'éclairent d'une allumette et aperçoivent Guimbaud entouré d'innocentes citrouilles qu'il avait fait tomber de sur une planche suspendue à la toiture, et dont quelques-unes étaient blessées grièvement. Ce fut un rire général auquel, selon son habitude, l'honorable chef prit sa part.

Ce fait héroïque, raconté le lendemain de toute part, désopila la rate des Blagnagais et fit pour toujours disparaître l'homme blanc. C'est alors que Guimbaud, blessé dans sa vanité et peu satisfait de voir qu'on le raillait de tout côté, prononça ce mot fameux : « *Si on m'embête trop, tout aussi bien je me ferai verdet.* » Heureusement pour lui, le gouvernement de juillet s'étant consolidé, le service de la garde nationale cessa complètement, et Guimbaud se vit obligé de suspendre son épée au croc. Dès-lors son imagination turbulente et mobile, que le travail de la cordonnerie ne peut satisfaire, le jette dans la controverse religieuse. Muni d'une Bible et de tous les petits écrits de la propagande protestante, il ne parle plus que des Pères, des Conciles, des Evangiles et de saint Paul. A ces études se mêlent celle des Codes, et sa tête devient un fouillis de maximes légales, religieuses, philosophiques. C'est dans cette situation d'esprit que le trouve le premier mariage de son fils. Ce malheureux jeune homme, exclusivement élevé par son père en dehors de toute influence étrangère, car il n'a jamais eu d'autres amis ni camarades que lui, quoique d'une nature moins fantasque, a fini par le copier servilement jusques dans ses écarts les plus extravagants. Il avait appris tout jeune la musique et jouait de la petite flûte et du violon. Lors donc de son premier mariage, vers 1846 ou 1847, M. le curé, profitant de l'occasion, voulut lui faire promettre de ne plus jouer dans les bals publics, refusant de l'épouser dans le cas contraire. Guimbaud fils objecte que c'est pour lui un métier et ne veut pas faire cette promesse. Le père proteste contre cet abus d'autorité et en appelle à Mgr l'archevêque. Il cite les textes de l'Ecriture et des Canons sur lesquels il appuie sa thèse, et déclare tout haut qu'il se fera protestant lui et sa famille, plutôt que de subir cette violence faite à la conscience de son fils. Enfin le tout s'arrange, et le jeune homme est marié sans avoir fait aucune promesse.

C'est vers cette époque que mourut Arnaud Guimbaud, père de Bernard. Après l'avoir placé dans le cercueil, le fils lui fixa une cocarde au bonnet qui enveloppait sa tête et prononça son oraison funèbre en ces termes : *Adieu vieux ! Si les morts reviennent, comme on dit, et que tu te présentes sans cette cocarde, je ne te reconnaîtrai pas.* A quelque temps de là, Guimbaud (Bernard) est éveillé vers minuit, par un léger bruit qui se faisait dans sa chambre, il se met sur son séant, écoute et s'écrie : *Est-ce toi, vieux ? parle ou parais, mais avec la cocarde, sans cela, tu peux t'en aller !* A ces mots, le bruit cesse pour recommencer un instant après. La nuit suivante, Guimbaud ne dormait pas. Tout-à-coup, et vers la même heure, un léger bruit se produit au galetas ; il parcourt l'escalier et vient se fixer près de la cheminée, non loin du lit. Les interpellations sont renouvelées sans résultat. Le lendemain au soir, Guimbaud, contrarié d'être ainsi troublé dans son sommeil, s'arme de tout son courage et prend la résolution de savoir à quoi s'en tenir ; il organise son bataillon, remet à son fils un fusil à baïonnette, à sa femme un sabre, à sa belle-fille un pistolet, et à sa vieille mère une chandelle et des allumettes, afin qu'au premier signal elle puisse éclairer la chambre. Chacun doit se coucher selon son habitude et avoir son arme sous la main. Pour lui, il monte doucement l'escalier du galetas armé de deux pistolets et d'un poignard, et va s'asseoir, vers onze heures, sur la dernière marche. Il était là depuis longtemps et commençait à s'ennuyer, lorsqu'il entend du bruit dans le galetas et sent tout-à-coup quelque chose lui sauter sur la tête, courir sur son corps et descendre l'escalier : *Aux armes!* s'écrie-t-il alors ; et descendant l'escalier les pistolets au poing, il arrive dans la chambre ; sa mère allume la chandelle, la femme, le fils et la belle-fille sautent de leur lit, et les voilà tous en chemise, courant la chambre les armes à la main et fouillant dans tous les coins pour trouver, enfin, blotti dans la nappe, un gros rat noir qui venait leur manger le pain sur la table et qui reprend prestement le chemin de l'escalier, les laissant tous ébahis et confus !

Arnaud Guimbaud fils perdit bientôt sa femme. Elle mourut des suites de ses premières couches. La petite fille qu'elle avait eue la suivit de près. Le jour de sa naissance le père disait au fils : *Hé bien, Parent* (c'est son terme favori), *qu'en faisons-nous une protestante ou une juive ?* ce qui ne les empêcha pas de la porter le lendemain à l'église pour la baptiser.

Guimbaud fils allait convoler à de secondes noces, lorsque la Révolution de février éclata. Guimbaud père, voulant faire preuve de civisme, et son fils imitant toujours ses exemples, ils paraissent tous deux avec des cocardes démesurées et parviennent, malgré les souvenirs de 1830, à être élus, le premier officier et le second sergent-major de la garde nationale. Mais voyant bientôt qu'ils n'inspiraient aucune confiance, que personne ne prenait au sérieux leurs protestations et leurs rodomontades, ils se firent Bonapartistes. C'est alors qu'ils se rapprochent de M. le Maire, se réconcilient avec M. le Curé, assistent régulièrement à la messe et suivent les processions en chantant les louanges du Seigneur un paroissien à la main.

Depuis qu'ils avaient quitté leur maison de la rue Saint-Exupère pour aller habiter celle qu'ils venaient de faire construire sur le chemin de Carrière et qu'ils ont à jamais rendue célèbre, les Guimbaud ne paraissaient guère au village que quelquefois le dimanche; mais on était sûr alors de les entendre, vers minuit, rentrer ivres chez eux en chantant à tue-tête quelque psaume des vêpres ou quelque vieille chanson. Le petit-fils, enfant de quinze ans environ, prenait depuis quelques temps part à toutes ces fêtes; il était de toutes les parties, tirait déjà à la cible, et promettait de suivre en tout les traces de ses pères; ils s'efforçaient de le faire à leur image, au physique comme au moral.

C'est lorsqu'ils rentraient ainsi du village, d'une noce ou d'une fête locale, où le fils se rendait souvent en sa qualité de musicien, qu'ils se livraient aux excentricités les plus burlesques et les plus saugrenues. Ainsi, ils fesaient lever leurs femmes et, selon que leur vin était triste ou joyeux, ils leur faisaient danser un rigodon, ou les faisaient étendre sur le sol et leur chantaient un *De profundis* et un *Libera*, pour leur donner un avant goût de leur enterrement. Ces pauvres femmes, dominées par la menace et la crainte, obéissaient aveuglément quoiqu'elles fussent le plus souvent fatiguées par le rude travail des champs ; les Guimbaud avaient depuis longtemps abandonné leur métier de cordonnier pour travailler eux-mêmes leur bien. Le fils était moins brutal que son père dans ses ignobles folies. Il défendait quelquefois sa femme, mais le père était sans pitié tant pour sa femme que pour sa vieille mère, morte depuis quelques années seulement.

On pourrait peut-être, jusqu'à un certain point, mettre tous ces faits sur le compte de l'ivresse, s'ils n'en avaient commis de tout aussi singuliers avant d'avoir bu. C'est ainsi qu'un jour en chargeant de la paille dans les champs, le père dit tout-à-coup au fils : *Parent, une botte?* Soit, répond le fils : le père saute aussitôt de sur la charrette et les voilà en ligne chacun une fourche à la main ; ils font deux ou trois passes, et le père atteint en pleine poitrine, quoique légèrement, par les pointes de la fourche, s'écrie : bien touché mon fils! Mais tu me donneras une revanche. Il remonte sur la charrette et reprend son travail. La revanche eut en effet lieu quelque temps après, chez Cazeaux, au Pesayré, et le fils, atteint assez profondément dans l'avant-bras par la pointe de la fourche, se vit obligé de rentrer à la maison pour se faire soigner.

Une autre fois, c'est en travaillant un champ à la bêche que le fils dit au père : *Vieux! allons-nous à la foire de Bruyères? Et que faire,* répond le père. *Acheter un avant-clou,* dit le fils : *Hé bien, soit.* Ils laissent là leurs outils et partent tous deux, pour aller à 7 ou 8 kilomètres acquérir un objet de *trois sols.* C'est dans une circonstance analogue qu'ils quittent un matin leur travail, aux Ramiers, pour aller à Grenade, c'est-à-dire à 17 kilomètres, manger *cinq sols de boudin*. On ferait un volume des singularités de ce genre. Mais il faut entendre Guimbaud père raconter en patois, avec ce style pittoresque et imagé qui lui est propre, son expédition dans un ancien aqueduc qui s'ouvre dans la berge élevée de la Garonne près Seilh, et dans lequel il combattit le diable, aidé de son chien Néron. C'est à se tenir les côtés. Cependant ces deux hommes si liés, si semblables, avaient souvent des querelles et se battaient entr'eux. Il n'y a pas encore un an qu'après s'être poursuivis un fusil chacun à la main, le père quitta sa famille et se réfugia tout seul dans son ancienne maison ; mais comme selon un antique proverbe, *les querelles de la canaille ne durent pas longtemps*, Guimbaud père rentra bientôt dans sa famille.

En dehors de ces excentricités que le vin rendait extravagantes, les Guimbaud n'étaient pas de malhonnêtes gens. Nul n'était plus exact dans ses paiements, ses comptes, ses affaires. Le père représentait, depuis plus de 20 ans, des compagnies d'assurance contre l'incendie. Il était leur receveur à cinq lieues à la ronde. C'est au retour de ses recouvrements qu'il racontait des histoires d'arrestations fabuleuses dont il avait été la victime et dont il s'était tiré grâce aux armes dont il était chargé. Nous ne pensons pas qu'ils aient jamais mis la main sur ce qui ne leur appartenait pas ; mais comme ils étaient taquins et vindicatifs et qu'ils n'avaient pas le courage d'aborder de front les personnes, ils s'en prenaient lâchement la nuit aux choses et ravageaient les récoltes, dit-on. C'était des loups plutôt que des lions.

Les Guimbaud étaient des paysans affables, polis, flatteurs, facétieux, mais avares, poltrons, faux et dissimulés. Ils vivaient avec une grande sobriété, mais ne vendaient jamais leur vin. Ils préféraient le boire ou le faire boire. C'était là leur seule générosité. En dehors des affaires, on ne pouvait compter en rien sur ce qu'ils disaient, tant ils étaient vantards et capricieux. Quoique d'une intelligence naturelle plus qu'ordinaire, ces hommes n'avaient aucun principe, ni moral, ni politique, ni religieux ; la confusion et le désordre régnaient dans leur esprit, comme dans leurs actes. Ils couraient partout où il y avait du bruit, du tumulte ; où ils pouvaient se faire voir, parler et faire parade de leur prétendue bravoure. Ils ne manquaient pas une fête, une revue, un feu d'artifice. Les exécutions capitales avaient pour eux de l'attrait ; ils allaient, disaient-ils, voir *dansa la Guillaouméto*, danser la guillotine. Évidemment il y avait une lacune dans leur entendement. Ces malheureux étaient frappés d'une espèce de *donquichotisme* qui les livait aux caprices de leur imagination extravagante et bizarre. On a voulu en faire des Latour, mais c'est là une grave erreur. Latour était un volcan cachant soigneusement la lave ardente qui brûlait dans son sein ; les Guimbaud allumaient sans cesse leur feu de paille pour faire peur et en imposer aux passants. C'étaient *dé fats*, comme on les appelait à Blagnac, c'est-à-dire des *toqués* sans consistance, sans courage, que l'on méprisait, mais qu'on ne craignait point. Il a fallu le concours des circonstances exceptionnelles dans lesquelles ils se sont trouvés, pour les élever à la hauteur des événements que nous allons raconter, et sur lesquels on les dresse comme sur un piédestal pour les draper en héros, alors qu'ils n'étaient que de petits coquins. Nous avons cru qu'il y avait utilité et *surtout moralité* à ramener ces hommes et ces choses à leurs véritables proportions. Voilà pourquoi nous avons entrepris ce modeste mais consciencieux travail.

II.

Les Méliorat et les Guimbaud sont parents. Guimbaud père a épousé la sœur de Méliorat père, et leurs maisons sont presque placées vis-à-vis l'une de l'autre sur le bord du même chemin. Il n'y a pas encore trois mois, que Méliorat (Arnaud) fils, en sa qualité de chef de lutrin, se rendait chez les Guimbaud et chantait avec eux des hymnes et des psaumes. Nous ne savons ce qui a pu survenir entre eux ; mais vers la fin du mois d'août dernier, sous prétexte que la femme de Méliorat fils se livrait à certains écarts, voilà que les Guimbaud invitent tout le quartier à une petite fête champêtre, et se livrent à une farandole assaisonnée de chants et de cris d'un certain instrument appelé *coucou*, peu gracieux pour l'oreille et le cœur de leur parent. Ce dernier, très peu satisfait de cette musique, porte une plainte directe à l'autorité ; procès-verbal s'en suit et les Guimbaud, ainsi qu'une quinzaine de leurs trop bénévoles compagnons, sont traduits en police judiciaire. Ils comparaissent, le samedi 17 septembre, devant ce tribunal, pour s'y voir condamner aux frais, à 11 fr. d'amende, et à 100 fr. de dommages-intérêts envers Méliorat. Ce jugement exaspère les Guimbaud, et, dans la nuit du 17 au 18, un champ de choux de 2,000 pieds, appartenant à Méliorat, est entièrement ravagé. Nouvelle plainte de ce dernier et nouvelle comparution des Guimbaud, naturellement soupçonnés tous les premiers, devant M. le Commissaire cantonal. Cette comparution a lieu le mardi 20 dans la matinée. Les Guimbaud rentrent chez eux vers onze heures, fort irrités de l'accueil de M. le Commissaire, et, pour calmer cette irritation, ils se mettent à déjeûner et à boire copieusement selon leur habitude. Le repas étant fini, ils sortent vers midi très échauffés par le vin et les excitations mutuelles qu'ils se renvoyaient. Ils avaient déjà placé leurs comportes sur leur charrette pour aller vendanger à Aussonne et étaient en train d'atteler le cheval, lorsque Méliorat fils, qui venait de chanter une messe de *Requiem*, passe devant eux. A cet aspect, la colère les emporte, et le fils, se faisant donner un fusil par son petit garçon, ajuste Méliorat, et de deux coups de feu le jette par terre. La victime pousse des cris affreux en appelant à son secours. Quelques personnes qui étaient dans les champs voisins accourent et conduisent Méliorat, blessé par derrière à l'épaule et au bras, dans la maison Daubian, où il se croit plus en sûreté que chez lui. Un instant après sa femme, entendant tout ce bruit, sort de la maison; elle apprend que c'est son mari, grièvement blessé, qu'on amène; elle se dirige vers lui en criant; mais Guimbaud père se met à sa poursuite un fusil à la main, et il l'aurait infailliblement atteinte, sans l'intervention de quelques personnes accourues à ses cris. Les Guimbaud, après cet événement, ne partent pas pour Aussonne. Ils rentrent tous les ustensiles de vendange et s'enferment dans leur maison. Cependant le fait de l'assassinat se répand dans le village, situé à un demi kilomètre environ du lieu de la scène; la foule accourt et se groupe aux alentours de la maison où est déposé le blessé. Bientôt arrive M. le curé. Les Guimbaud, aux aguets, aperçoivent tout cela de leur observatoire; ils en concluent naturellement que Méliorat est mort ou près de mourir. C'est alors qu'ils tirent les premiers coups de feu pour disperser cette foule, et qu'ils prennent la terrible et affreuse résolution d'aller joindre à la vigne ce qui reste de la famille Méliorat et de tout massacrer. Puisque nous sommes perdus, assouvissons entièrement notre vengeance. Il était environ une heure de l'après-midi, lorsqu'on les voit soigneusement fermer toutes les issues de leur maison où sont retenues leurs femmes et le petit garçon, et se diriger vers le sud-ouest de la plaine armés de pied en cap. Le père portait son fusil de chasse en bandoulière et un espèce de fusil carabine, muni d'une baïonnette à la main ; le fils n'avait que son fusil de chasse.

Méliorat père, sa femme et son autre fils, assistés d'un jeune garçon de 16 à 17 ans, vendangeaient du côté de Ganelou. Un de leurs parents, Jean Bégué, les avait déjà avertis de ce qui s'était passé ; ils regagnaient tristement leur demeure par le chemin de l'Oumette, lorsqu'ils aperçoivent de fort loin les Guimbaud venant à leur rencontre. Ils se décident à prendre à travers champs pour les éviter. Ils étaient déjà à trois cent mètres du chemin, lorsque les Guimbaud, qui marchaient en sens contraire, les aperçoivent. Ils veulent aussitôt franchir le fossé qui borde la route pour aller les rejoindre ; mais le fils, plus ivre que son père, ne peut y parvenir et tombe dans le fossé. Ce contre-temps ne ralentit pas la marche du père, qui court rapidement vers les Méliorat. A son approche, ces derniers prennent la fuite. La mère Méliorat, plus lourde, moins ingambe et près d'être atteinte, se réfugie auprès d'un oiseleur de Cornebarrieu, appelé Marcou, ancien soldat de Crimée, qui était occupé à placer des collets dans un chaume ras pour la chasse aux alouettes. Cet oiseleur vole à son secours. Malheureusement, il arrive un peu tard et ne peut saisir par derrière et terrasser Guimbaud que lorsqu'il a donné son quatrième coup de baïonnette, celui qui a pénétré profondément dans le flanc de la mère Méliorat. Les fuyards se retournent au bruit de cette scène ; ils reviennent précipitamment sur leur pas et arrivent pour aider à contenir Guimbaud et à le garotter. On le désarme, on le fouille et on le trouve porteur des deux fusils précités, de deux pistolets bien chargés, d'un sac de toile contenant dix-huit cartouches à balle et deux espèces de couteaux poignard ; enfin, d'un petit sac de cuir renfermant un petit crucifix, de pieuses devises, plusieurs médailles religieuses, un peu de la terre du tombeau de saint Exupère, patron de Blagnac, et la complainte de Jacques Latour. On décharge les armes et on s'empare de tous ces objets. Pendant ce temps, Guimbaud fils était parvenu à se dresser sur ses jambes et à franchir le fossé. Il arrive sur le lieu de la scène, et couchant ses adversaires en joue, il les somme, sous peine de mort, de délivrer son père ; en présence de cet argument, le brave Marcou dut reconnaître la sottise qu'il avait fait de décharger les armes saisies, puisqu'il fut obligé d'abandonner son prisonnier et de se retirer avec ses compagnons. Guimbaud fils s'empresse alors de délier son père, et ils reviennent ensemble à la maison, distante de là de deux kilomètres environ ; ils y rentrent vers deux heures et s'amusent à tirer quelques coups de feu sur les groupes qui s'étaient formés dans les alentours. Un instant après, Guimbaud père, voyant le sieur Bézard-Barrau passer sur le petit chemin, son fusil sur l'épaule, court à lui, l'aborde et le prie de lui remettre ses munitions. Bézard lui fait observer qu'il en a peu et se détermine pourtant, vu son insistance, à lui en donner une partie. Guimbaud lui prend alors la main et lui dit : *C'est le dernier service que tu nous rends. Nous avons tué Méliorat. Il faut que nous mourions aujourd'hui. C'est notre dernier jour...*

Vers trois heures, arrivent M. le commissaire cantonal Bidault, accompagné du brigadier des gardes champêtres et d'un agent de police de Toulouse. Ces messieurs s'approchent de la maison Guimbaud. Ces derniers étaient dans leur jardin, près du puits à roue. Le brigadier des gardes champêtres, marchant le premier, les somme de se rendre ; ils ne répondent pas. Alors, M. Bidault, ceignant son écharpe, renouvelle la sommation ; mais les Guimbaud saisissant leurs fusils, répondent par des injures et un coup de feu qui, grâce à l'éloignement, n'atteint que très légèrement le commissaire à une jambe et dans les habits. En présence de cet acte, les agents de la force publique se réfugient dans la maison Pellefigues et attendent des renforts. A trois heures et demie arrivent quelques gendarmes à cheval, ils veulent approcher trop près de la maison et reçoivent une décharge qui les oblige à se retirer et à envoyer à Toulouse chercher de nouvelles forces. Ces forces arrivent vers quatre heures un quart ; elles se composent de cinq hommes du poste des chasseurs à pied de l'Embouchure, de plusieurs gendarmes, des membre du parquet et d'une nombreuse escouade de sergents de ville contenus dans 11 voitures de place. Tous ces hommes réunis font une tentative sur la maison, mais sans l'aborder résolûment. C'est alors que sont blessés trois chasseurs et un ou deux sergents de ville. Il était cinq heures. Cette troupe se disperse et s'abrite séparément contre les murs de la maison, entre les croisées, dans les plis du terrain et les fossés, derrière le tas de chaume et la porchère qui sont au couchant de la maison. Quelques hommes jetaient de là de petites pierres ou des mottes de terre contre les volets clos des croisées, dans l'intention, sans doute, de faire apparaître les assiégés, mais cette tactique ne réussit pas. Pendant près de vingt minutes, un gendarme s'est promené devant la maison, parlementant avec les Guimbaud à haute voix ou au moyen du petit garçon de ces derniers qui est entré et sorti deux fois par la porte de l'écurie. Enfin, ne pouvant rien obtenir, cet enfant, âgé de 14 à 15 ans, et les deux femmes, sont sortis par cette même porte et mis en sûreté par les agents de la police. Il était environ cinq heures et demie. Une compagnie de chasseurs de Vincennes venait d'arriver, et on n'avait pendant tout ce temps tiré de part et d'autre que quelques rares coups de feu. C'est alors que le capitaine de gendarmerie, Gérus de Laborie, se plaçant à quelques pas devant la maison, l'examine et s'étonne de ce qu'on ne s'en soit pas encore emparé en enfonçant la porte ou faisant sauter les volets des croisées, tant cela paraît peu solide. Il ordonne à un gendarme et à des soldats d'aller chercher une pièce de bois ; ces derniers arrivent bientôt avec une longue et forte perche et se mettent à frapper contre la porte de la maison comme avec un bélier ; mais un coup de feu part de la croisée placée au-dessus de la porte de l'écurie et blesse grièvement dans les reins le capitaine qui présidait à cette opération. Les soldats, qui entouraient la maison à quelques pas de distance des murs, font feu sur l'ouverture d'où est parti le coup. Une petite fusillade s'engage ; les militaires tirent sur tous les trous où ils croient voir quelqu'un. Les Guimbaud ripostent trois ou quatre fois sans blesser personne. Un instant après, le feu apparaît tout-à-coup à la fenêtre du rez-de-chaussée qui s'ouvre sur le petit chemin au devant de la maison. *Les journaux de Toulouse ont dit qu'il avait été occasionné par la fusillade!...*

Quoiqu'il en soit, cette croisée donnait issue dans une chambre non habitée où était un peu de bois et un grand tas de pommes de terre. Cette chambre n'avait pas de plancher proprement dit ; les soliveaux et quelques planches volantes, plus ou moins rapprochées, portaient la provision de fourrage et de paille nécessaire à l'entretien des deux bêtes qui étaient dans l'écurie. Cela explique la rapidité avec laquelle le feu s'est communiqué au galetas où étaient les Guimbaud : il n'a fallu que quelques instants. Il était alors six heures environ. Guimbaud père, assailli et poussé par l'incendie, a ouvert le volet de la croisée située à l'ouest et a tiré deux coups de feu. Les troupes placées à l'entour du tas de chaume ont riposté. Guimbaud a refermé le volet, mais il l'a tout grand ouvert quelques minutes après, et se plaçant, sans armes, debout sur la croisée, il s'est écrié en agitant ses mains et se précipitant : *Je me rends*. Plusieurs coups de feu ont été tirés sur lui ; il est tombé sur le toit de la porchère, où il a reçu une seconde décharge ; il n'a plus dès-lors agité qu'une main pour indiquer qu'il se rendait, mais il a encore essuyé de nombreux coups de feu au moment où il sautait de sur la porchère à terre. C'est alors qu'il a été pris et garotté ; et chose singulière, sur plus de vingt-cinq coups tirés de dix à quinze pas, un seul l'a atteint à la main droite.

Cependant, malgré les effrayants progrès de l'incendie, le fils ne paraissait pas. On commençait à croire que le feu en avait fait justice, lorsqu'il s'est montré tout-à-coup à la croisée du devant dont nous avons déjà parlé, et qui était gardée d'un côté, par le gendarme Montégut, et de l'autre, par un caporal de chasseurs ; ses habits étaient en flammes. *Rendez-vous*, lui crie-t-on. — *Hé bien ! je me rends !* répondit-il ; mais au moment où Montégut se présente de face pour prendre le fusil de Guimbaud, celui-ci lui tire, dit-on, un coup d'un pistolet qu'il tenait caché. — *Ah ! le malheureux ! il m'a tué*, dit le gendarme en s'affaissant ; alors le caporal, qui tenait le meurtrier en joue, presse la détente et l'étend raide mort : les deux détonations se sont presque confondues. Les projectiles, plombs ou chevrotines, après avoir déchiré la lèvre inférieure vers l'angle de la bouche, ont pénétré dans le haut de la poitrine de Montégut. La balle a atteint Guimbaud dans le dos, sous l'épaule gauche, pour sortir du côté opposé, à la base du col près la trachée artère. La direction des blessures a fait naître l'opinion que Guimbaud avait tiré de la croisée du haut où il aurait été tué. Cela n'est pas possible, puisqu'il n'y avait pas de plancher et que les soliveaux étaient consumés. Mais cette direction s'explique parfaitement lorsqu'on sait que Guimbaud, voulant franchir la croisée du rez-de-chaussée, avait été obligé de monter sur le tas de pommes de terre qui en encombrait la base et s'élevait à la hauteur de l'accoudoir ; il était d'assez haute taille, et dominait par conséquent le gendarme et le caporal ; s'il a été atteint par derrière, c'est qu'à l'aspect de ce dernier, il se sera tourné pour rentrer dans la maison. Ses jambes, ses pieds et son ventre était affreusement brûlés, et il ne lui restait plus que quelques débris enflammés du gilet de tricot qu'il portait.

Voilà, telle que l'a racontée à qui a voulu l'entendre, le caporal des chasseurs qui a tué Guimbaud, la scène affreuse par laquelle s'est terminé ce drame déplorable et sanglant. Son récit est confirmé par de nombreux témoins oculaires de Blagnac et de Toulouse ; nous le croyons donc exact.

A six heures et demie tout était terminé ; la force armée défilait sur la route de Toulouse, et de nombreuses voitures emportaient tous les fonctionnaires et magistrats qui avaient assisté à ce navrant spectacle, ainsi que Guimbaud père, les deux femmes et le petit garçon.

Le lendemain, dans l'après-midi, le malheureux Guimbaud fils était enterré dans un état de nudité complète, abandonné de tous, excepté de son chien Brutus qui, seul, l'accompagna jusques à sa dernière demeure. Ce pauvre animal, triste, abattu, refusant toute nourriture, n'a fait, pendant trois jours, qu'aller de la maison au cimetière, du cimetière à la maison. Les nombreux visiteurs de ces lieux sinistres, plus de 10,000 jusqu'à ce jour, ont tous vu ce chien, très méchant auparavant, écoutant, épiant de tous côtés, et se laissant caresser par tout le monde. Enfin, le troisième jour, un homme de cœur, M. le colonel du 1er de ligne, l'a soustrait à cette pénible situation en l'amenant dans sa voiture.

Cette touchante preuve d'affection et de fidélité, a été le seul hommage rendu à la mémoire du pauvre Guimbaud. Il a bien son éloquence. En outre que cela démontre, à notre avis, que le maître n'était pas sans qualités. Qui sait si Dieu, dans sa miséricorde infinie, ne s'est pas servi de cet animal pour donner une leçon aux hommes!...

Blagnac, 1er octobre 1864.

Toulouse, imprimerie Pradel et Blanc, rue des Gestes, 6.

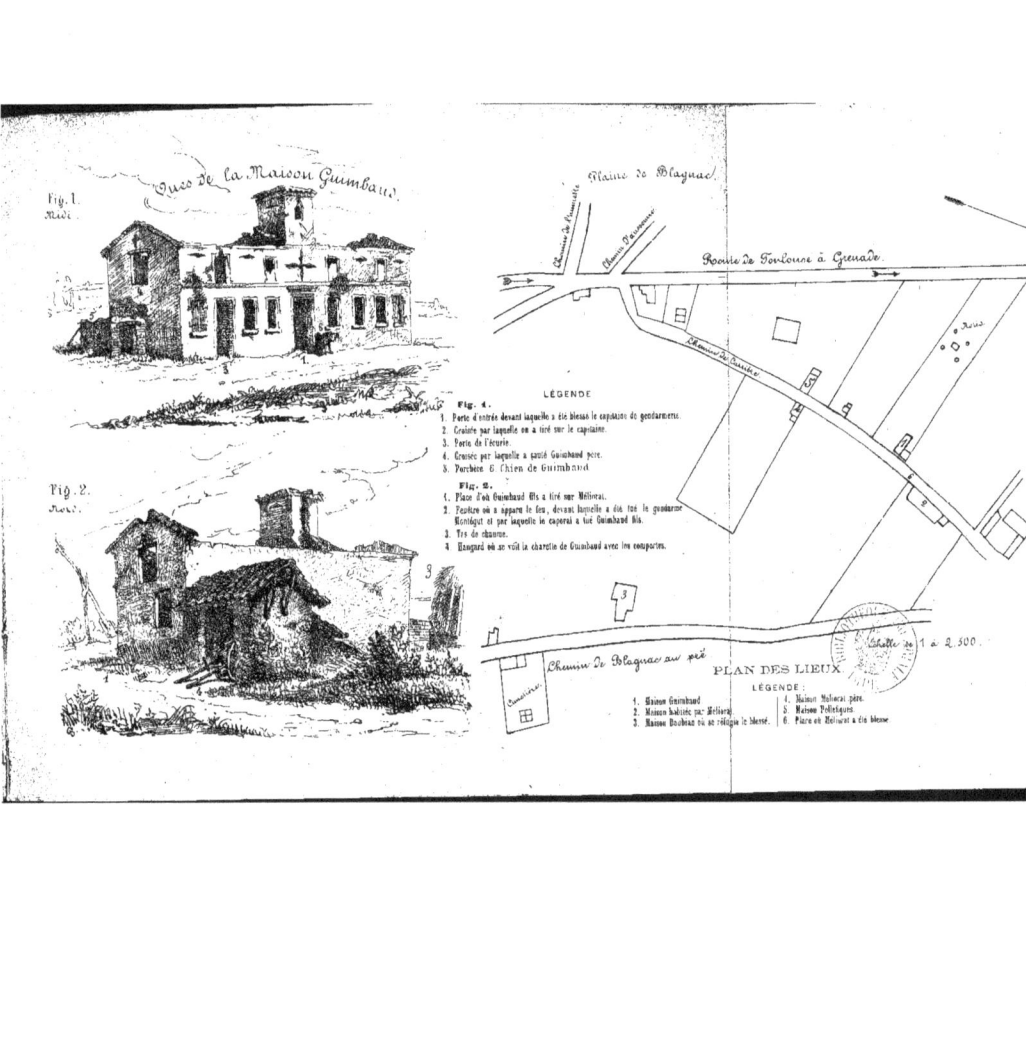

Librairie F. GIMET, rue des Balances, 66, Toulouse

NOTICE BIOGRAPHIQUE

SUR LES

GUIMBAUD

ACCOMPAGNÉE

DU

RÉCIT EXACT & CIRCONSTANCIÉ DES ÉVÈNEMENTS

QUI ONT EU LIEU

A Blagnac le 20 septembre 1864

Par J. BONHOMME

Avec Vues & Plan des lieux

PROSPECTUS

La nature, dans son inépuisable et féconde richesse, semble se plaire quelquefois à produire des hommes étranges, bizarres, originaux, qui font le désespoir des physiologistes et des philosophes, et dont quelques grands écrivains ont reproduit les types immortels.

Les héros du drame de Blagnac appartiennent, par certains

côtés, à la catégorie de ces hommes, et il a fallu la plume spirituelle de J. Bonhomme pour en faire, à la fois, la désopilante et triste narration.

Cette œuvre, toute de conviction, vient de nous révéler le vrai caractère des Guimbaud. L'auteur nous fait assister aux joies enfantines de *Bernard*, à ses appétits querelleurs, à ses exploits cynégétiques ; il nous montre l'étrangeté de ses manières et la bizarrerie de ses actes.

La seconde partie de ce travail, qui comprend le récit de ce drame, unique dans les Annales du Midi, est écrite avec cette modération et cette sobriété de mots, qui est le critérium du style historique. Cette narration est aussi d'une exactitude tellement transparente qu'elle sera confirmée par les nombreux témoins oculaires qui ont assisté à ce navrant spectacle.

La Notice Biographique sur les Guimbaud est imprimée en caractères neufs : elle forme vingt-quatre pages d'impression.

Prix fort : **60** centimes. — Remise 25 0/0.

VIENT DE PARAITRE

CHEZ J. PRADEL ET BLANC, IMPRIMEURS-ÉDITEURS, A TOULOUSE
Rue des Gestes, 6,
Et chez François GIMET, libraire, rue des Balances, 66.

NOUVELLE
OSTÉOLOGIE COMPARÉE
DE LA TÊTE
DES ANIMAUX DOMESTIQUES

SUIVIE D'UN EXPOSÉ

DE LA CONSTRUCTION VERTÉBRALE DE LA TÊTE

PAR A. LAVOCAT

PROFESSEUR A L'ÉCOLE IMPÉRIALE DE MÉDECINE VÉTÉRINAIRE, MEMBRE DE L'ACADÉMIE DES SCIENCES DE TOULOUSE, ETC.

Prix fort : **2** fr. — Remise 20 0/0.

Le but de cette nouvelle publication est de faire connaître d'une manière aussi exacte et aussi simple que possible, la base osseuse de la tête de nos animaux domestiques.

Pour traiter ce sujet, l'un des plus difficiles de l'anatomie comparée, l'auteur a dû recourir à l'analyse et surtout à la synthèse, qui fait ressortir les analogies dans les détails et, par suite, l'unité dans le plan général.

Cet ouvrage, basé sur de longues études, sera, nous l'espérons, d'une grande utilité pour les vétérinaires, élèves ou diplômés, et aussi pour tous ceux qui s'occupent d'anatomie comparative.

Toulouse, imprimerie J. Pradel et Blanc, rue des Gestes, 6.

www.ingramcontent.com/pod-product-compliance
Lightning Source LLC
Chambersburg PA
CBHW060546050426
42451CB00011B/1810